D1683451

Wir entdecken
DIE VERSICHERUNG

Dieses Buch wurde verwirklicht
mit der Unterstützung von

**Le Foyer Assurances
Compagnie Luxembourgeoise S.A.**

Bilder: Jean Leesch
Text: Roland Bisenius

© by Éditions Saint-Paul, Luxembourg, 1997
ISBN 2-87963-277-3
Verlagsnummer 970029

Alle Rechte vorbehalten

Jean Leesch — Roland Bisenius

Wir entdecken
DIE VERSICHERUNG

Einleitung

Jean ist gerade nach Hause gekommen und möchte Anne zeigen, wie er den Siegestreffer beim LASEP-Turnier geschossen hat.

„Jetzt werde ich dir mal zeigen, was ein Profi kann", ruft er Anne zu. Dann tritt Jean zum Meisterschuß an. Der Ball scheint das mit der Flugrichtung jedoch nicht so ganz verstanden zu haben…

…und trifft voll in eine Scheibe des Gewächshauses von Nachbar Meyer.

Der Schaden

Kaum sind Jean und Anne im Haus verschwunden, klingelt es auch schon an der Tür.

Die Mutter öffnet, und schon hört man den Nachbarn schreien: „Das wird nicht billig!"

„Au weia, jetzt geht's meinem Sparschwein an den Kragen!" denkt Jean.

Herr Meyer wird schon ruhiger, als die Mutter ihm erklärt, daß die Familie eine Haftpflichtversicherung hat : „Ich werde mich schnellstens mit unserem Versicherungsagenten in Verbindung setzen."

Herr Meyer weicht nicht von der Stelle, bis er sich überzeugt hat, daß der Versicherungsagent wirklich informiert wird.

Der Versicherungsagent

Der Agent ist zuständig für die persönliche Beratung in allen Versicherungsfragen. Er erklärt den Kunden, welche Verträge für sie am vorteilhaftesten sind. Wenn dann einmal etwas passiert, kümmert er sich selbst um die Erledigung des Falles.

Herr Schmit, der Agent, kommt am Abend vorbei.

Er möchte sich genau über den Unfall informieren und den Schaden abschätzen, für den die Versicherung aufkommen muß. Damit es schneller geht, hat er einen tragbaren Computer mitgebracht.

Die Bearbeitung des Schadens

Herr Schmit überträgt die Einzelheiten des Unfallhergangs auf ein Formular aus dem Computer. Nachbar Meyer hat seinerseits genau aufgeschrieben, was bei ihm passiert ist: die Glaswand ist hin und das Tomatenbeet ist verwüstet.

„Was geschieht nun?" möchte die Mutter wissen.

„Bei der Bearbeitung dieses Schadens werden wir keine Zeit verlieren", erklärt der Agent Schmit. „Herr Meyer hat ja bereits seinen Schaden genau beschrieben, ein Preisangebot des Glasers eingeholt und seine Kontonummer angegeben.

Ich werde den Schaden jetzt bei der Versicherung melden. Diese wird dann die Dokumente überprüfen und den Schadenersatzbetrag auf Herrn Meyers Bankkonto überweisen. Sie werden von uns noch einen Brief bekommen, in dem alles offiziell bestätigt wird."

Die Entstehung der Versicherung

Jean atmet auf. „Wie gut, daß es Versicherungen gibt!"

„Ja", sagt Herr Schmit, „aber stell dir vor, früher gab es das gar nicht. Die Versicherung entstand erst im Mittelalter. Die meisten Waren wurden damals mit Schiffen transportiert. Doch wie leicht fiel so ein Schiff einem Sturm oder den Piraten zum Opfer!

Die Händler borgten sich das Geld für die Ladung der Schiffe. Ging die Ware dann während der Seefahrt verloren, brauchte der Händler das geliehene Geld nicht zurückzuzahlen. Kamen die Waren jedoch sicher am anderen Hafen an, mußte das geliehene Geld zurückgezahlt werden. Außerdem kassierte der Geldverleiher noch eine hohe Prämie für das eingegangene Risiko.

Nachdem man begonnen hatte, Schiffe und ihre Ladungen zu versichern, lag die Idee nicht mehr fern, auch das Leben der Reisenden zu versichern. So entstanden die ersten Lebensversicherungen.

Im Mittelalter waren die meisten Häuser aus Holz, und als Heizung diente ein offenes Kaminfeuer. Sehr oft kam es zu Bränden, bei denen mehrere Häuser oder ganze Stadtviertel zerstört wurden. Nach dem Großbrand von London im Jahre 1666 wurden die ersten Feuerversicherungen eingeführt."

„Und jetzt sind alle Häuser gegen Feuer versichert", sagt Anne zufrieden. „Automatisch geht das natürlich nicht", antwortet Herr Schmit. „Ich werde euch jetzt die Feuerversicherung erklären."

Die Feuerversicherung

„Man kann sein Haus gegen Feuer versichern mit allem, was darin ist: Möbel, Kleider, Schmuck, Teppiche, Bilder und so weiter. Und natürlich auch Haustiere", erklärt Herr Schmit.

Die Feuerversicherung zahlt jedoch nicht nur wenn es brennt, sondern auch wenn ein Blitz einschlägt, wenn ein herabstürzendes Flugzeug ein Haus beschädigt oder wenn eine Gasflasche explodiert. Schäden an elektrischen Geräten (z. B. durch Kurzschluß) sowie Sengschäden (z.B. beim Bügeln) sind normalerweise mitversichert."

„Dann gilt die Feuerversicherung für Häuser, die bewohnt sind", bemerkt Jean.

„Nicht nur", erwidert Herr Schmit. „Denk doch an die vielen Häuser, die sich im Bau befinden. Auch dort kann es um Riesensummen gehen.

Für den Bau eines Hauses braucht man Geld, und dieses Geld kann man bei einer Bank leihen; das nennt man einen Kredit. Damit die Bank sicher ist, ihr Geld zurückzubekommen, muß eine Restschuldversicherung abgeschlossen werden. Diese Versicherung bezahlt den Rest des Kredits, falls derjenige, der das Geld geliehen hat, vor dem Ende der Rückzahlung des Kredits sterben sollte."

Das Mietrisiko und der Nachbarregreß

Das Mietrisiko ist eine Feuerversicherung für den Mieter eines Gebäudes oder einer Wohnung. Gegenüber dem Besitzer ist der Mieter nur verantwortlich für den Teil des Gebäudes, den er gemietet hat. Für den Schaden, den er bei den Nachbarn anrichtet, muß er natürlich auch aufkommen.

Stell dir vor, du wohnst mit deinen Eltern im zweiten Stock eines Hauses zur Miete. Im ersten Stock wohnt die Familie Weber und im dritten Stock wohnen die Müllers.

In eurer Wohnung bricht ein Feuer aus. Im ersten Stock läuft das Löschwasser der Feuerwehr zusammen, während im dritten Stock vom Rauch alle Wände schwarz werden.

Die Mietrisikoversicherung eurer Eltern bezahlt den Hausbesitzer für den Schaden in eurer Wohnung.

Die Feuerversicherung der Familie Weber zahlt für den Schaden durch das Löschwasser im ersten Stock, und die Feuerversicherung der Müllers bezahlt für die Rauchschäden im dritten Stock.

Diese beiden Versicherungen wollen jedoch ihr Geld zurück, weil Webers und Müllers ja nicht für den Brand verantwortlich sind. Die Versicherungen von Webers und Müllers werden das Geld also von deinen Eltern zurückfordern. Das nennt man einen Regreß, und in unserem Fall spricht man von einem Nachbarregreß.

Die Sturmversicherung

Der Versicherer spricht von einem Sturm, wenn zum Zeitpunkt des Schadens eine Windgeschwindigkeit von mehr als 100 km/St. gemessen wurde.

Wird zum Beispiel ein Baum aus den Wurzeln gerissen und fällt gegen ein Haus, so wird der so entstandene Schaden durch die Sturmversicherung gedeckt. Dachschäden, die durch Hagel, Schneelasten oder Eis entstehen, sind auch versichert.

Die Leitungswasserversicherung

Wie der Name es schon sagt, zahlt diese Versicherung für Schäden, die entstehen, wenn Wasser aus Löchern von Leitungen oder Behältern austritt, die an eine Wasserleitung angeschlossen sind. Steht die Küche unter Wasser, weil Wasser aus einem Loch im Schlauch der Waschmaschine spritzt, haben wir es mit einem Leitungswasserschaden zu tun.

Wenn aus einer Mauer Feuchtigkeit austritt, trägt der Versicherer die Kosten für das Aufbrechen, die Suche nach der beschädigten Leitung und das Wiederverschließen der Mauer.

Die Diebstahlversicherung

Die Diebstahlversicherung ersetzt den Wert der Gegenstände, die im Innern eines Hauses gestohlen werden, z.B. Schmuck, Bilder, Fernseher. Bargeldsummen bis zu einer gewissen Höhe werden auch ersetzt.

Außerdem ersetzt die Versicherung alles, was von den Dieben im Haus beschädigt oder zerbrochen wird, sowie den Schaden, der entsteht, wenn Einbrecher ein Fenster zertrümmern oder eine Tür aufbrechen, um in das Haus zu kommen.

Die Glasbruchversicherung

In der Glasbruchversicherung bezahlt der Versicherer zerbrochene Scheiben sowie das provisorische Abdichten durch eine Holzplatte oder Plastik, bis die neue Scheibe eingesetzt werden kann.

„Dann wird die Scheibe von Herrn Meyer also von der Glasversicherung bezahlt", strahlt Anne. „Das wäre der Fall", sagt der Agent Schmit, „wenn wir nicht wüßten, wer die Scheibe zertrümmert hat. Weil wir jedoch den Verantwortlichen kennen, ist das ein Fall für die Privathaftpflicht."

Die Privat- oder Familienhaftpflicht

Die Privathaftpflicht zahlt für Schäden, die Kinder außerhalb der Familie anrichten können, wenn sie unvorsichtig oder unüberlegt handeln wie Jean, der mit seinem Ball die Scheibe von Herrn Meyers Gewächshaus zertrümmerte. Jedoch nicht nur Kinder, sondern auch Erwachsene können unvorsichtig und unüberlegt handeln. Auch Haustiere können beträchtlichen Schaden anrichten.

Deshalb werden Haftpflichtversicherungen abgeschlossen. Der Versicherer zahlt für den Schaden, der Drittpersonen zugefügt wird, das heißt Personen, die nicht zur Familie gehören.

Wir haben gesehen, wie leicht beim Spielen ein Schaden entstehen kann. Diesen kleinen Schaden, den Jean am Gewächshaus von Herrn Meyer angerichtet hat, hätte sein Vater auch aus eigener Tasche ersetzen können, wenn er nicht versichert wäre.

Es gibt jedoch gefährliche Sportarten und andere Tätigkeiten, bei denen Schäden entstehen können, die ein ganzes Vermögen kosten würden.

Die Haftpflicht-Pflichtversicherung

Damit auch in schweren Fällen immer vorgesorgt ist, gibt es für gefährliche Sportarten und Tätigkeiten eine obligatorische Haftpflicht. Der Versicherer spricht dann von einer Pflichthaftpflichtversicherung.

Eine Haftpflichtversicherung ist zum Beispiel obligatorisch für Jäger, Sportbootbesitzer, Fallschirmspringer, Architekten und Hoteliers. Die bekannteste Pflichtversicherung ist jedoch die Autohaftpflicht.

Die Autohaftpflichtversicherung

Jedes Fahrzeug, das auf der Straße fährt, muß für Schäden, die der Fahrer anderen Personen zufügt, versichert sein.

„Die Beule vorn an meinem Auto", sagt Herr Schmit „habe ich mir durch Unvorsichtigkeit zugezogen. An einer Verkehrsampel habe ich dem vor mir stehenden Auto durch zu schnelles Anfahren den Kofferraum eingedrückt. Der Schaden an diesem Auto wird nun von meiner Autohaftpflicht ersetzt."

„Und wer bezahlt für den Schaden an Ihrem Auto?" möchte Anne wissen.

„Zum Glück habe ich eine Kaskoversicherung! Sonst müßte ich die Reparatur selbst bezahlen", sagt Herr Schmit zufrieden. „Die Kaskoversicherung kommt für Schäden auf, die man beim Fahren sich selbst zufügt."

Zu Besuch bei der Versicherung

Jean ist begeistert: „Das ist ja eine tolle Sache! Wenn ich groß bin, werde ich auch Versicherungsagent."

„Ich auch!" piepst Anne.

„Kommt doch einfach mit, wenn ich morgen eure Schadensmeldung abgebe", sagt Herr Schmit geschmeichelt. „Zum Abendessen seid ihr dann wieder zu Hause."

In der Empfangshalle

Am nächsten Tag kommt Herr Schmit mit den Kindern am frühen Nachmittag beim Versicherer an.

In der Empfangshalle der Versicherungsgesellschaft sehen Anne und Jean viele Leute. Es herrscht viel Betrieb an den Schaltern. Am auffälligsten ist der Informationsschalter.

„Hier werden die Kunden bedient oder an andere Angestellte weitergeleitet", erklärt Herr Schmit.

Am Schalter für Autoversicherungen sagt Herr Schmit dann zum Angestellten: „Gestern abend habe ich per Computer eine grüne Karte für einen Kunden beantragt. Diese Karte möchte ich jetzt abholen."

„Für die Diebstahlversicherung soll der Kunde uns diesen Antrag für die Alarmanlage von der Werkstatt ausfüllen lassen und zurücksenden", erklärt der Angestellte. „Denken Sie daran, daß der Fahrer selbst niemals von seiner eigenen Auto-Haftpflichtversicherung entschädigt werden kann. Hier sind auch unsere neuen Prospekte. Darin ist unsere Fahrerversicherung erklärt."

Die Schadensmeldung

Wenn ein Versicherter einen Unfall hat, muß er den Schaden so schnell wie möglich bei seiner Versicherung melden. Er kann einen Brief oder ein Fax schicken, aber der schnellste Weg ist natürlich das Telefon. Bei einem Telefongespräch kann er dem Sachbearbeiter zur gleichen Zeit Fragen stellen und Antworten bekommen, was bei einem Brief oder einem Fax nicht der Fall ist.

„Meine Versicherung", sagt Herr Schmit stolz, „ist mit einer sehr modernen Telefonanlage ausgestattet. Kunden und Agenten können in einer Sprache ihrer Wahl (luxemburgisch, deutsch, französisch, englisch oder portugiesisch) Schadensmeldungen erstatten.

Die Telefonanrufe werden über die Zentrale an einen Sachbearbeiter geleitet, der mit Hilfe des Computers alle wichtigen Fragen sofort beantworten kann und so dem Geschädigten viel Zeit und Schreibarbeit erspart. Wenn die Schuldfrage geklärt ist, beantragt er einen Termin bei der Reparaturwerkstatt, organisiert den Besuch eines Experten, besorgt eventuell ein Mietauto für die Dauer der Reparatur und veranlaßt, daß die Reparatur bei der Werkstatt bezahlt wird."

Die Streitfälle

Wenn nicht geklärt werden kann, wer die Schuld am Unfall trägt, muß der Fall an eine andere Abteilung weitergeleitet werden. Diese verhandelt dann mit dem Versicherer des anderen Unfallbeteiligten. Wenn keine Einigung gefunden wird, wendet sich die Versicherungsgesellschaft an einen Rechtsanwalt, um den Streitfall von einem Gericht klären zu lassen.

Die Klärung eines Streitfalls vor Gericht ist immer mit Kosten verbunden. Je schwieriger der Fall, desto höher die Kosten. Manchmal kostet es viel Geld, um zu seinem Recht zu kommen. Für die Kosten, die so entstehen, kann man eine Rechtsschutzversicherung abschließen.

Die Expertise

Befindet sich das beschädigte Auto in der Reparaturwerkstatt, so schickt der Versicherer einen Experten hin, um den Schaden festzustellen. Der Experte notiert, welche Teile am Auto erneuert, repariert und lackiert werden müssen. Zusammen mit dem Werkstattleiter rechnet er aus, was die Reparatur kosten wird.

Wenn die Schuldfrage geklärt ist, gibt der Experte dem Werkstattleiter eine schriftliche Garantie, daß die Versicherung die Reparaturrechnung bezahlen wird. Nun kann das Auto repariert werden.

Nach der Reparatur bekommt der Besitzer sein Auto zurück. Der Experte kontrolliert die Rechnung, und die Versicherung überweist das Geld direkt an die Reparaturwerkstatt.

Das Drive-in

Verschiedene Kunden möchten den genauen Wert ihres Autos kennen, ehe sie entscheiden, ob sich eine Kaskoversicherung lohnt. Andere besitzen Liebhaberfahrzeuge oder Oldtimer, die sie versichern möchten. Manchmal möchten auch Kunden den Schaden an ihrem Auto feststellen lassen, weil sie verreisen oder aus sonst einem Grund ihr Auto nicht gleich zur Reparatur bringen können. Der Wert eines Autos kann jedoch nur von einem Experten festgelegt werden, der das Auto gesehen und begutachtet hat. Deshalb kommen viele Kunden mit ihrem Auto zur Versicherungsgesellschaft gefahren und möchten es vorführen. Es ist daher wichtig, daß eine Versicherungsgesellschaft ein Drive-in besitzt, wo Autos vorgeführt werden können. Hier können die Fragen der Kunden und der Geschädigten beantwortet werden. In einem Drive-in kann auch geprüft werden, ob die Alarmanlage im Auto gut funktioniert und ob alle Vorkehrungen zur Absicherung gegen Diebstahl erfüllt sind.

Die Ausbildung

In einem großen Raum, der wie ein Klassensaal aussieht, erklärt ein Fachmann Einzelheiten über verschiedene Versicherungen.

Erschrocken sagt Jean: „Das sind ja Erwachsene, die brauchen doch nicht mehr zur Schule zu gehen!"

„Diese Leute kommen gerne hierher", sagt Herr Schmit lächelnd. „Hier bekommen sie eine kostenlose Spezialausbildung im Versicherungsfach. Alle Mitarbeiter müssen über die verschiedenen Versicherungsarten Bescheid wissen. Hier lernen sie auch wichtige Maßregeln für den Umgang mit den Kunden."

Die Versicherung stellt ihren Mitarbeitern auch eine Fachbibliothek zur Verfügung, wo jeder sich genau informieren kann. Weitere Informationen werden aber auch auf internationalen Konferenzen und Seminaren gesammelt. Der Versicherer kann so seine Produkte mit dem vergleichen, was sich auf dem Versicherungsmarkt tut.

Die Abteilung für besondere Risiken

In dieser Abteilung werden besonders gefährdete Unternehmen und Gebäude versichert, zum Beispiel große Kaufhäuser, Apartmenthäuser, Kräne, Brücken, Schiffe, Seilbahnen, Flugzeuge, Satelliten, Geldtransporte und so weiter.

Bevor die Versicherung ein solches Risiko übernimmt, stellt sie einige Bedingungen. Ein Versicherungsexperte prüft, ob zufriedenstellende Vorsichtsmaßnahmen getroffen wurden, zum Beispiel Feuerlöscher, automatische Wasserlöscher, feuerhemmende Türen, Feuer- und Rauchmelder. Wenn die Unfallgefahr dann noch immer groß ist, wird die Versicherung natürlich teurer.

Nun gibt es jedoch Risiken, die so hoch sind, daß die Versicherung sie nicht allein tragen kann. Um den Kunden trotzdem zufriedenzustellen, wird das Risiko dann von einem Versicherer verwaltet. Dieser teilt es dann mit verschiedenen anderen Versicherungsgesellschaften. Man nennt das eine Mitversicherung, weil jeder Versicherer einen Teil des Risikos mitversichert. Jeder Versicherer, der einen Teil des Risikos trägt, kann aber auch dasselbe wie der Kunde machen, das heißt er versichert das Risiko bei einem anderen Versicherer. Dann spricht man von einer Rückversicherung.

Die Lebensversicherung

Auf einer Tür steht vielversprechend: „Lebenversicherungen". „Wieso Lebensversicherungen?" fragt Jean kritisch. „Alle Menschen müssen doch sterben?"

„Wer eine Lebensversicherung abschließt", sagt Herr Schmit, „der will sparen oder dafür sorgen, daß seine Hinterbliebenen eine Summe Geld bekommen, wenn er stirbt.

Bei einer Familie, wo die Mutter sich zu Hause um die Erziehung der Kinder kümmert und der Vater der einzige ist, der Geld verdient, müßte auf vieles verzichtet werden, wenn der Vater zu früh sterben würde. Verantwortungsbewußte Eltern schließen daher eine Lebensversicherung ab. Falls der Vater dann sterben sollte, zahlt die Versicherung Geld und die Mutter kann weiterhin für sich und die Kinder sorgen.

Bei einer bestimmten Lebensversicherung zahlt die Versicherung entweder wenn der Versicherte während der Dauer des Vertrages sterben sollte oder wenn er beim Ende des Vertrages noch am Leben ist.

Bei einigen Lebensversicherungen verlangt die Gesellschaft einen Gesundheitsbericht. Wenn die Versicherungssumme hoch ist, muß der Versicherte zum Arzt, der ihn dann genau untersucht."

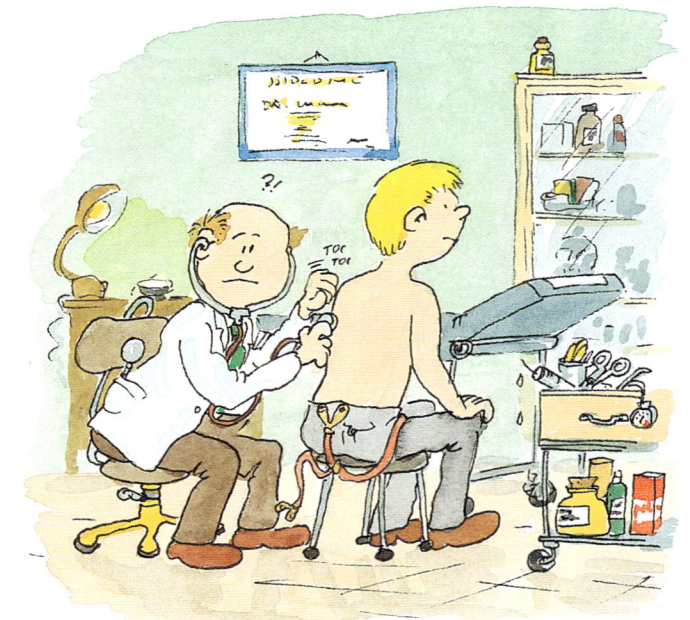

Die Rentenversicherung

Früher gab es keine Altersrenten. Die alten Leute lebten mit ihren Kindern und Enkelkindern in Großfamilien. Wer nicht versorgt war, mußte betteln gehen.

Später wurden dann die Rentenkassen eingeführt. Jeder muß regelmäßig einen Teil seines Monatslohns in die Rentenkassen einzahlen. Diese Einzahlungen tragen so zur Finanzierung der Renten bei. Personen, die in den Ruhestand eintreten, bekommen dann bis an ihr Lebensende jeden Monat von der Rentenkasse einen festen Betrag ausbezahlt.

Wie du bestimmt schon in der Zeitung gelesen hast, wird die Zahl der Rentner immer größer, und die Zahl derer, die Einzahlungen an die Pensionskasse machen, nimmt ständig ab. Das heißt, es besteht die Gefahr, daß das Geld zur Auszahlung der Renten eines Tages nicht mehr ausreicht oder aber daß die Renten nicht hoch genug ausbezahlt werden können.

Deshalb bieten die Versicherer die Möglichkeit, privat eine zusätzliche Rentenversicherung abzuschließen.

Die private Unfallversicherung

Wenn jemand sich bei einem Unfall so schwer verletzt, daß er dadurch Invalide wird, kann das bedeuten, daß er nicht mehr arbeiten kann oder eine leichtere Arbeit suchen muß, wo er weniger Geld verdient.

Falls der Versicherte durch einen Unfall Invalide wird, zahlt die Versicherung eine Summe, die das weniger verdiente Geld teilweise ausgleicht. Sollte der

Versicherte jedoch durch diesen Unfall sterben, zahlt die Versicherung an die Hinterbliebenen eine im voraus festgelegte Summe.

Eine Unfallversicherung gilt normalerweise auf der ganzen Welt in der Freizeit, im Beruf und auf Reisen.

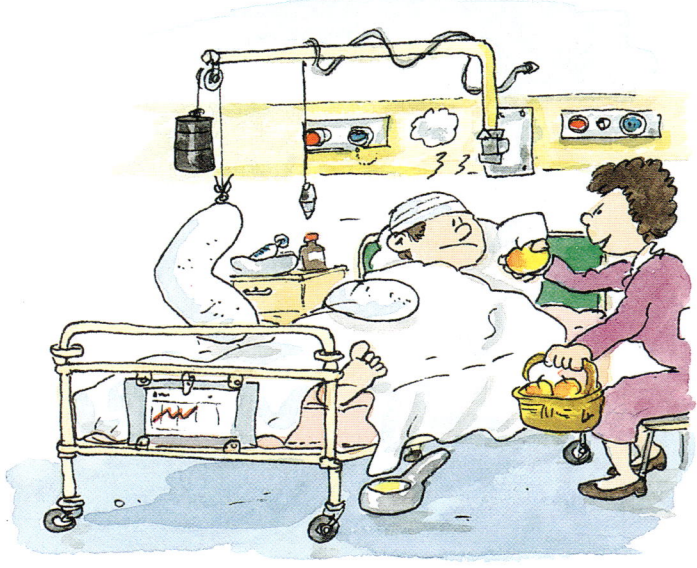

Das Marketing

Die Marketingabteilung einer Versicherung berät die Direktion, wie man die verschiedenen Versicherungen am besten anbieten kann. Hierzu sind die Reaktionen der Kunden, ihre Interessen und ihre Wünsche von großer Bedeutung.

Diese Abteilung sorgt auch dafür, daß die Firma in der Öffentlichkeit bekannt wird. Hierzu werden Werbespots für das Radio entworfen, Videoclips für des Fernsehen

gedreht, Plakate und Broschüren gedruckt und Werbegeschenke verteilt. Seit einiger Zeit kann der Kunde sich sämtliche Angebote in Ruhe zu Hause im Internet ansehen und dazu Fragen stellen oder eine persönliche Beratung anfordern. Auf Wunsch kommt dann ein Agent ins Haus, um den Vertrag abzuschließen.

Die Planungsabteilung

Diese Abteilung legt fest, in welchen Fällen und zu welchen Bedingungen die Versicherung für einen Schaden aufkommt. Hier wird auch bestimmt, welcher Preis für welche Gefahr zu zahlen ist.

Ein Beispiel soll dies erklären:

Eine Versicherung versichert 10.000 Häuser, von denen jedes im Durchschnitt 7 Millionen wert ist. Brennen 5 Häuser im Laufe eines Jahres ab, so muß die Firma 5 x 7 Millionen zahlen, das macht im ganzen 35 Millionen.

Woher nimmt die Versicherung diese 35 Millionen?

Ganz einfach: aus den Prämien, welche die 10.000 Kunden einzahlen, die ihr Haus versichert haben. Teilen wir diese 35 Millionen unter die 10.000 Kunden auf, so muß jeder 3.500 Franken einzahlen. Also muß die Versicherungsprämie für jedes Haus mindestens 3.500 Franken betragen.

Die Finanzbuchhaltung

„Und wenn nicht so viele Häuser abbrennen, kann die Versicherung dann das Geld behalten?" fragt Anne interessiert.

„Ja, das wäre schön!" lacht Herr Schmit.

„Wie jedes Unternehmen benötigt auch der Versicherer Geld, um seine Unkosten zu decken. Alles kostet Geld: die Gebäude müssen instand gehalten werden, die Angestellten müssen bezahlt werden, die Versicherungsverträge müssen erstellt und verschickt werden...

Um sicher zu sein, daß den Kunden eventuelle Schäden ersetzt werden, verlangt das Gesetz, daß die Versicherungen einen Teil des Geldes in Aktien, Schuldscheinen oder Immobilien investieren."

Die Informatikabteilung

Hier werden sämtliche Informationen erfaßt und verarbeitet. Der Zutritt ist nach strengen Sicherheitsbestimmungen geregelt. Nur Mitarbeiter dieser Abteilung und Personen mit einer besonderen Erlaubnis können hinein.

Anne und Jean dürfen die Abteilung in Begleitung eines Technikers betreten. „Hier ist es aber kalt", bemerkt Anne sofort. Der Techniker stimmt ihr zu und sagt: „Computer entwickeln bei ihrer Arbeit Hitze und benötigen daher eine niedrigere Raumtemperatur. Eine Klimaanlage hält die Temperatur auf 20 Grad und überwacht eine Luftfeuchtigkeit von mindestens 50%."

„Es gibt doch genügend Fenster um zu lüften", sagt Jean. „Auf keinen Fall!" antwortet der Techniker erschrocken. „Computer vertragen keinen Staub. Wegen der Sicherheit der gespeicherten Informationen wurden einbruchsichere Fenster installiert, die sich nicht öffnen lassen."

„Computer sind Maschinen und eigentlich dumm", erklärt der Techniker weiter und führt Anne und Jean aus dem Maschinenraum. „Unsere Mitarbeiter entwickeln daher Programme und Verfahren, damit die Computer genau die Arbeit verrichten können, die wir von ihnen verlangen. Jede Abteilung in unserem Haus hat ihre eigenen Wünsche: die Buchhaltung will die Ausgaben kontrollieren, die Vertragsabteilung will Verträge ausarbeiten, das Planungsbüro will Statistiken machen und Prämien berechnen, die Schadensabteilung will Schadensakten erstellen und so weiter. In unserer Abteilung werden alle diese Wünsche in eine Computersprache umgesetzt."

Die Materialabteilung

Eine Versicherung hat viele Mitarbeiter. Alles, was diese Leute für ihre Arbeit brauchen, wird von der Firma zur Verfügung gestellt: Papier, Schreibmaterial, Faltordner und so weiter. Das alles wird in der Materialabteilung verwaltet.

Hier sind auch sämtliche Antragsformulare, Unterlagen zu den Informationsblättern und Versicherungsbedingungen untergebracht. Für jede Art von Versicherung gibt es einen Antrag, allgemeine Bedingungen und Formulare für Schadensmeldungen.

Vervielfältigungen jeder Art gehören auch zur Aufgabe dieser Abteilung.

Der Versand

Hier geht es zu wie bei der Post. Sämtliche Briefe und Pakete, die an die Versicherungsgesellschaft adressiert sind, kommen hier an und werden dann verteilt.

Umgekehrt ist es genauso. Sämtliche Briefe und Verträge werden hier gesammelt. Dann werden sie nach Größe und Dicke des Briefumschlags vorsortiert. Ein Kurierdienst bringt die geordneten Postsendungen dann zur Post.

Alle größeren Agenturen der Gesellschaft haben hier ein Postfach.

In seinem Postfach findet Herr Schmit eine Nachricht von der Außendienstabteilung, in der es heißt: „Ein Gärtner Meyer bedankt sich für den schnellen Schadenersatz. Besuchen Sie ihn doch bitte! Er möchte sich mit Ihnen über verschiedene Versicherungen unterhalten."

Der Abschied

Bevor der Agent Anne und Jean wieder nach Hause fährt, bedanken sie sich für alles. Abschließend bemerkt Jean: „Ich habe jetzt verstanden, wie eine Versicherung funktioniert. Am schönsten ist es, daß Sie sofort zu uns kamen, um uns alles zu erklären und die Formalitäten für uns zu erledigen."

„Ich werde auch keinem etwas weitersagen!" versichert augenzwinkernd Herr Schmit. „Wir Versicherungsagenten sind nämlich an das Berufsgeheimnis gebunden!"

Schwere Wörter:

Drive-in:	Service-Anlage, in die man mit dem Auto hineinfahren kann
Experte:	jemand, der besondere Kenntnisse auf einem bestimmten Gebiet hat und zu Rat gezogen wird
Expertise:	das Gutachten eines Sachverständigen
Invalide:	jemand, der durch Verletzung oder Krankheit arbeitsunfähig ist
Grüne Karte:	grünes Papier auf dem die Autohaftpflichtversicherung bestätigt wird
Kaskoversicherung:	Versicherung, die den Schaden am Auto deckt
Prämie:	der Preis, der für die Versicherung bezahlt werden muß
Risiko:	das, was versichert wird; das kann eine Sache oder ein Mensch sein
Versicherung:	Gesellschaft, die Personen und Sachen gegen Schäden versichert
Versicherter:	jemand, der durch Zahlung eines Beitrags an eine Versicherungsgesellschaft das Recht erwirbt, einen Schaden ersetzt zu bekommen

Inhaltsverzeichnis

	Seite
Einleitung	2
Der Schaden	3
Der Versicherungsagent	4
Die Bearbeitung des Schadens	5
Die Entstehung der Versicherung	6 + 7
Die Feuerversicherung	8
Das Mietrisiko und der Nachbarregreß	9
Die Sturmversicherung	10
Die Leitungswasserversicherung	10
Die Diebstahlversicherung	11
Die Glasbruchversicherung	11
Die Privat- oder Familienhaftpflicht	12
Die Haftpflicht-Pflichtversicherung	13
Die Autohaftpflichtversicherung	13
Zu Besuch bei der Versicherung	14
In der Empfangshalle	15
Die Schadensmeldung	16
Die Streitfälle	17
Die Expertise	18
Das Drive-in	19
Die Ausbildung	20
Die Abteilung für besondere Risiken	21
Die Lebensversicherung	22
Die Rentenversicherung	23
Die private Unfallversicherung	24
Das Marketing	25
Die Planungsabteilung	26
Die Finanzbuchhaltung	27
Die Informatikabteilung	28 + 29
Die Materialabteilung	30
Der Versand	31
Der Abschied	32
Schwere Wörter	33